DIE INSPIRATION VON NIK COHN UND SUZI QUATRO

Ich hatte aus den 1970ern ein Buch von Nik Cohn, seine Pop-History von 1969 (eines meiner über 50 Musikbücher). Nik Cohn ist subjektiv, sein Musikgeschmack. Im Endeffekt sind die Beatles von ihm scheiße... Ich hatte diverse Story of Rock oder Albenlisten oder Songlisten (bei meinen 22 ISBN-Bücher 2017-2021), aber nie ein Cohn-Style. Dies mach ich jetzt!

"Suzie Q" war gestern meine 2. Inspiration (07.08.21, NDR-TV). War die Biografie mit Suzi Quatro mit persönlichen Eindrücken, Karriere, Zeitgeister etc. Weiß wieder "keine Sau"... Jaaa, da war "Can The Can", was soll sonst noch sein... Da ist viiiel mehr! The Wild One!

2021 ist viel Schwarmdummheit! Durch Oberflächlichkeit! Und Musik ist nur noch Wegwerfware - 1967 oder 1973 oder 1982 war das Kunst... Heute: hää? Was ist ein Coldplay?? Ist das vom Auto?? Daher mach ich nun meine Story of Rock. Vielleicht sind 5 % dabei und haben tatsächlich Inspirationen von Elvis Presley oder The Beatles oder Neil Young oder Kate Bush oder Pink Floyd, Genesis, Stevie Wonder, Rihanna, Miles Davis, Madonna, Rolling Stones, Led Zeppelin, 2 Pac, Sade, Deep Purple, Depeche Mode, Massive Attack und und und...

Kaiserslautern - Foto: unbekannt, irgendwo im Internet

Eine Art Plattencover...

KAPITEL 1 - MUSIK (und mehr) MIT FOTOS

Bei facebook hab ich pi mal Daumen über 2000 Fotos (das läppert sich, fb seit 2010...). Lanfschaftsfotos, mein Katzemäädsche Molly (2005-2021) und eben meine Sammlugnsfotos mit Vinyl (99 % LPs nicht mehr da) oder CDs oder Bücher oder Hefte oder DVDs oder Videos... Bei 10 Fotos (nuuur!!!!) ist ein Best of an Musik (umd mehr) mit Printmedien, 2 Lebenscollagen, meine 10 besten LPs (Stand 1990) etc... Von 9/11 bis David Bowie, von Willy Brandt bis Genesis, Aerosmith...

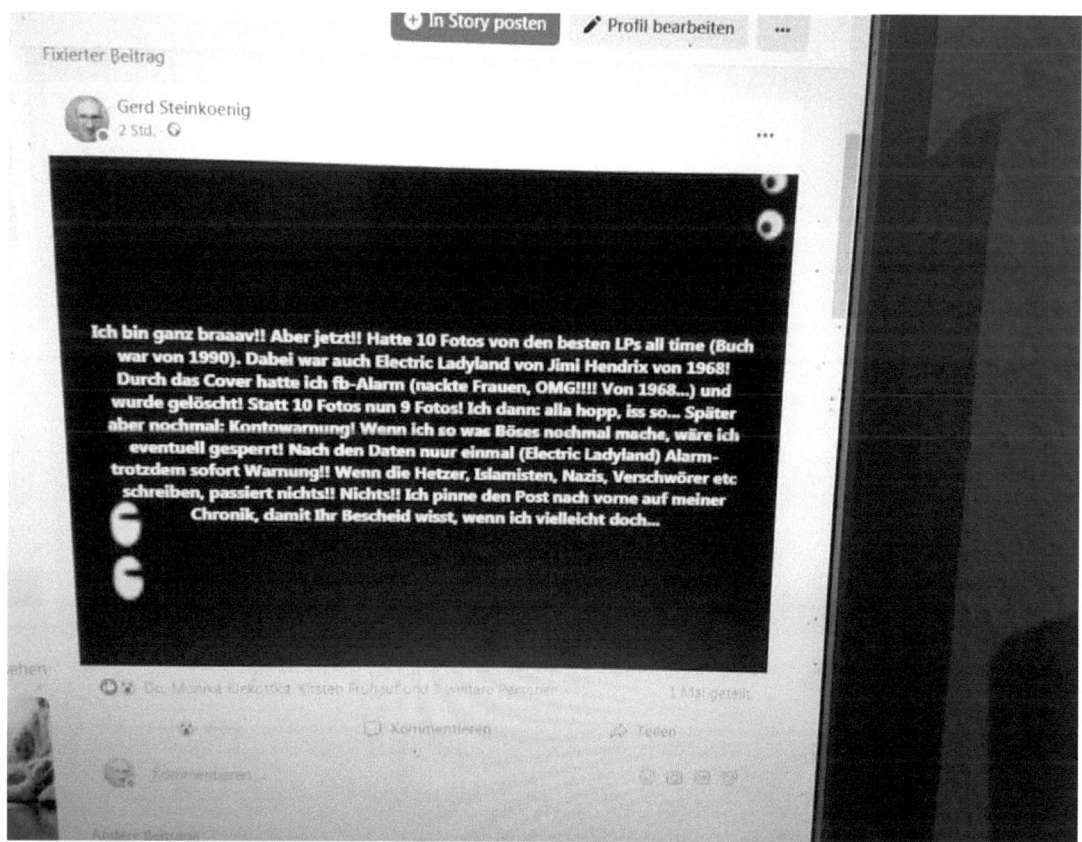

auf den Plattenteller legen, weil sie sie einfach toll finden — oder sind es die Platten, die sie als die wichtigsten LP's erachten? Eine Differenzierung wäre in manchen Fällen sicher interessant gewesen — ist aber zu spät.

Über die 15 LP's, die die Musikfachleute besonders häufig genannt haben, soll im folgenden einiges erzählt werden:

siehe auch s. 41

Nach reiflicher Überlegung, im Sommer 1990 nach der Lektüre dieses Buches, habe auch ich meine 10 persönlich - besten LP's aufgelistet:

♡ 1. Dark Side of The Moon - Pink Floyd
Lieblinge 2. A Trick of The Tail - Genesis*
Abfahrer 3. Brothers In Arms - Dire Straits
Pioniere 4. Abbey Road - Beatles
bessere Welt 5. Woodstock I + II - Diverse s. 8, 140
Hardrocker 6. Made In Japan - Deep Purple***
Närchenfee 7. The Kick Inside - Kate Bush**
Rastafari 8. Legend - Bob Marley
KULT! 9. Regatta de Blanc - Police
♡ 10. The Song Remains The Same - Led Zeppelin

Jede LP hat eine gewisse Geschichte in meinem musikalischen Teil des Lebens. Ganz besonders wie ein roter Faden, die " Dark 135 Side". An dieser Stelle "entschuldigt", die fehlenden LPs von Bowie, U2, Gatz, BAP, G. Miller, Stones, Marillion etc. etc.

6

Gerd Steinkoenig
1 Std · G

Einer der besten Madonna - Songs!! Hach in den 80ern, die Madonna, mmmh!!

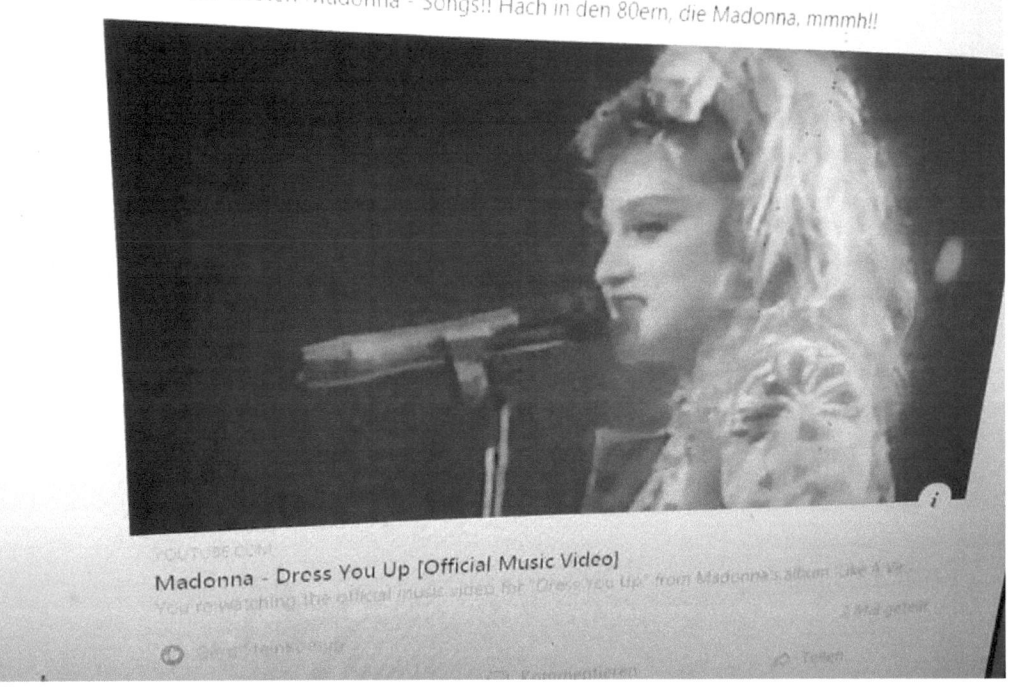

YOUTUBE.COM
Madonna - Dress You Up [Official Music Video]
You're watching the official music video for "Dress You Up" from Madonna's album "Like A Vir...

3 Mal geteilt

KAPITEL 2 - TEENIEHELDEN

Quelle: Wikipedia! Von 1972 bis 1977! Der Autor hat anscheinend die Sportlerin 1973 vergessen... BRAVO-OTTOs mit meinen Teeniehelden Sweet (damals KEINE Boygroup, Sweet waren von ALLEN Fans... Sweet hatte das komplette Jahrzehnt der 70er chartbesetzt: Wig Wam Bam, Ballroom Blitz, Hell Raiser, Fox On The Run, Action, Fever of Love... Die Bay City Rollers waren die ersten Kreischmädels nach den Beatles... Und viele Memories: Barbara Eden = Bezaubernde Jeannie, Claus Wilcke = Percy Stuart, Jane Seymour = Bond-Girl, David Cassidy = Rock Me Baby, Ute Kittelberger = BRAVO-Girl, Nastassja Kinski = bis heute und in aller Ewigkeit meine Traumprinzessin! BRAVO-OTTOs hieß damals Gold, Silber, Bronze.

1972 Jahresanfang

Barbara Eden

Schauspieler: Ryan O'Neal – Pierre Brice – Hansi Kraus

Schauspielerin: Uschi Glas – Ali MacGraw – Romy Schneider

Sänger: Chris Roberts – Ricky Shayne – Roy Black

Sängerin: Daliah Lavi – Manuela – Katja Ebstein

TV-Star m: Claus Wilcke – Joachim Fuchsberger – Amadeus August

TV-Star w: Inge Meysel – Barbara Eden – Linda Cristal

Band: T. Rex – Middle of the Road – The Sweet

1972 Jahresende

Tony Curtis portrait.jpg

Tony Curtis

Sweet konzert.jpg

The Sweet

Schauspieler: Ron Ely – Ryan O'Neal – Terence Hill

Schauspielerin: Uschi Glas – Ali MacGraw – Heidi Hansen

Sänger: Jürgen Marcus – Chris Roberts – Neil Diamond

Sängerin: Juliane Werding – Melanie – Daliah Lavi

TV-Star m: Tony Curtis – Roger Moore – Leonard Nimoy

TV-Star w: Barbara Eden – Juliet Mills – Sabine Sinjen

Band: The Sweet – T. Rex – Alice Cooper

Sportler: Mark Spitz – Günter Netzer – Gerd Müller

Sportlerin: Heide Rosendahl – Ulrike Meyfarth – Monika Pflug

1973

Suzi Quatro at AIS Arena 01.jpg

Suzi Quatro

BOMBERGERDMUELLER.JPG

Gerd Müller

Schauspieler: Jan-Michael Vincent – Roger Moore – Terence Hill

Schauspielerin: Uschi Glas – Jane Seymour – Ali MacGraw

Sänger: David Cassidy – Bernd Clüver – Jürgen Marcus

Sängerin: Suzi Quatro – Ireen Sheer – Daliah Lavi

TV-Star m: Horst Janson – Detlev Eckstein – Dack Rambo

TV-Star w: Susan Dey – Monika Peitsch – Monika Lundi

Band: The Sweet – The Osmonds – Slade

Sportler: Gerd Müller – Günter Netzer – Erwin Kremers

1974

Susan Dey

Schauspieler: Terence Hill – Jan-Michael Vincent – Roger Moore

Schauspielerin: Ute Kittelberger – Uschi Glas – Linda Blair

Sänger: David Cassidy – Bernd Clüver – Jürgen Marcus

Sängerin: Suzi Quatro – Elfi Graf – Maggie Mae

TV-Star m: Steve Hodson – Oliver Tobias – Michael Gray

TV-Star w: Susan Dey – Gillian Blake – Edwige Pierre

Band: The Sweet – ABBA – The Osmonds

Sportler: Gerd Müller – Francisco Marinho – Franz Beckenbauer

Sportlerin: Ulrike Meyfarth – Rosi Mittermaier – Uta Schorn

1975

Michael Douglas

Schauspieler: Terence Hill – Jan-Michael Vincent – Louis de Funès

Schauspielerin: Ute Kittelberger – Linda Blair – Christiane Gött

Sänger: David Cassidy – Albert Hammond – Jürgen Marcus

Sängerin: Juliane Werding – Penny McLean – Suzi Quatro

TV-Star m: Michael Douglas – Peter Falk – Michael Gray

TV-Star w: Susan Dey – Gillian Blake – Ingrid Steeger

TV-Moderator: Ilja Richter – Rudi Carrell – Michael Schanze

TV-Moderatorin: Uschi Nerke – Karin Tietze-Ludwig – Elfie von Kalckreuth

Band: Bay City Rollers – The Sweet – ABBA

Sportler: Sepp Maier – Gerd Müller – Franz Beckenbauer

Sportlerin: Ulrike Meyfarth – Ellen Wellmann – Prinzessin Anne

1976

Sepp Maier.JPG

Sepp Maier

Drews Juergen-2007-09-21-by-steschke.jpg

Jürgen Drews

Schauspieler: Pierre Brice – Terence Hill – Jan-Michael Vincent

Schauspielerin: Sophia Loren – Ute Kittelberger – Uschi Glas

Sänger: Shaun Cassidy – Jürgen Drews – David Cassidy

Sängerin: Tina Charles – Penny McLean – Marianne Rosenberg

TV-Star m: Michael Douglas – Oliver Tobias – Simon Turner

TV-Star w: Susan Dey – Ingrid Steeger – Uschi Nerke

Band: Bay City Rollers – The Sweet – ABBA

Sportler: Sepp Maier – Franz Beckenbauer – Gerd Müller

Sportlerin: Rosi Mittermaier – Nadia Comăneci – Annegret Richter

1977

Baccara - CSD 2006 Cologne - Bühne Heumarkt (5015).jpg

Baccara

Tyler-ebw-40.jpg

Bonnie Tyler

Schauspieler: Pierre Brice – Leif Garrett – Terence Hill

Schauspielerin: Nastassja Kinski – Uschi Glas – Romy Schneider

Sänger: Shaun Cassidy – Jürgen Drews – Frank Zander

Sängerin: Bonnie Tyler – Siw Inger – Marianne Rosenberg

Duo: Baccara – Hoffmann & Hoffmann – Bellamy Brothers

TV-Star m: Herbert Herrmann – Christopher Stone – Thomas Fritsch

TV-Star w: Jutta Speidel – Ingrid Steeger – Barbara Bain

Band: Smokie – Bay City Rollers – ABBA

Sportler: Sepp Maier – Klaus Fischer – Hansi Müller

Sportlerin: Annegret Richter – Dagmar Lurz – Evi Mittermaier

KAPITEL 3 - TONTRÄGER

Ich hatte tatsächlich über 1000 Tonträger! Leider sind meine Vinylalben entsorgt! Leider! Ich hab noch eine Hand voll mit Covers und nur ein paar richtige Vinyl-LPs wie z.B. and then there were three (Genesis), Discovery (Electric Light Orchestra) oder Absolutly Live (The Doors). Wenigstens das... Und ich hab noch ein paar Vinyl-Singles, z.B. Michelle/Girl (The Beatles, Original Odeon!!!!), God Save The Queen (Sex Pistols) oder Action (Sweet) oder Angie (Rolling Stones). Ja, und durch Opa-Sammlung... Sogar mit Elvis Presley!!

DIE Tonträger sind meine CDs! Es ist anders als Vinyl!! Es war feierlich, wenn man eine LP kaufte! Die Musik erstmal und dann das Cover ansehen. Durch die Größe (gegenüber der CDs) war oft Kunst. Ich hab ein Musikbuch voller LP-Covers von den 50ern bis 90ern... Da war viel Zeitgeist. Ja, und dann die Texte lesen, wie bei Genesis, sogar mit deutschen Übersetzungen... Aber wir reden ja nun über meine CDs. Pi mal Daumen hab ich ca 600 CDs. Mit allen Genres mit Rock, Progrock, Hardrock, Metal, Pop, Jazz, Blues, Swing, Country, Chanson, Punk, Techno, Hip Hop etc etc... Hab aber Lücken, weil ich zig Vinyls nicht mehr habe: dadurch fehlen z.B. The Dark Side Of The Moon (Pink Floyd) oder The Joshua Tree (U 2)... Oder total weg: keine CD von Frank Zappa!!!! Das geht doch nicht, lach... In den 1980ern hatte ich mehr Geldpower für die Tonträger: 1982 oder 1983 in Mannheim waren 100 DM bis 200 DM pro Einkauf normal. Jeden Monat!

Im Laufe der Jahrzehnte hat sich der Musikgeschmack nicht verändert: forever Genesis, The Beatles, Pink Floyd, Led Zeppelin, The Police, Neil Young, David Bowie, Kate Bush, Sade!! Aber trotzdem Veränderungen durch Sounds oder Texte. Oder das ein Album nicht mal in den Top 40 bei mir dabei waren - jetzt selbstverständlich Top 10... Wahrscheinlich durch Erinnerungen, Zeitgeister oder durchs Alter (durch Melancholie), z.B. and then there were three von Genesis (1978). In den 70ern war The Lamb Lies Down On Broadway oder Seconds Out en vogue. Bei diesem three-Album waren die Fans entweit, Follow You Follow Me war ein Sakrileg!! Ich fands echt gut, aber nicht bei meinen Top 40. Und nun eben aus den Top 10: Burning Rope, The Lady Lies, Down And Out ist für mich heute Atmosphäre, Zeitoase, Melancholie!

Es dauert nicht mehr lange, die Alben werden leider out! Natürlich gibt es auch heute noch gute idealistische Rockbands, Garagenbands, Clubbands, aber die Plattenbosse (nur noch illlusionslose Buchhalter) wollen Streaming, uniformierte Songs. Die Musiker habens nicht leicht wie damals. Heute hat ein Song gerade mal 100 000 Einheiten bei Platz 1 in D. 1979 wären 100 000 Einheiten gerade mal Platz 10 oder Platz 12 gewesen... Man braucht mehr Konzerte für die Kohle - geht aber nur ab und zu durch die momentane Pandemie Covid 19... Zum Beispiel Rock am Ring 2020 ausgefallen, Rock am Ring 2021 ausgefallen...

Auf jeden Fall freue ich mich über meine 70er und 80er Jahren mit Musikgroove oder Umsonst- und Draußen-Festivals, Studentenkneipen und Discos, Alben über Alben mit richtigen Plattengeschäfte...

KAPITEL 4 - DIE MEISTVERKAUFTEN ALBEN

Liste der weltweit meistverkauften Musikalben (Quelle: Wikipedia)

Die Liste der weltweit meistverkauften Musikalben beinhaltet Musikalben, die sich mindestens 20 Millionen Mal verkauft haben. Die Liste enthält alle Typen von Musikalben wie Studioalben, Kompilationen, oder Soundtracks. Die Angaben beinhalten nicht gebrauchte Alben, die weiterverkauft wurden.

Aufgrund der Methodologie der Schallplattenauszeichnungs-Vergabeorganisation RIAA wird bei Alben mit mehreren CDs und einer Gesamtlaufzeit über 100 Minuten jede CD einzeln für Auszeichnungen gezählt.[1] Bekannte Beispiele für Ausnahmen von dieser Regel sind The Wall von Pink Floyd und The Beatles von The Beatles.

Michael Jackson's Thriller ist das bisher meistverkaufte Album und wurde 66 Millionen Mal weltweit verkauft.[2] Mit fünf Alben in der Liste der Alben mit mindestens 20 Millionen verkauften Exemplaren hält Jackson zusätzlich den Rekord für die meisten Bestseller. Es folgen Céline Dion und Madonna mit jeweils vier Alben und Eminem, Pink Floyd, The Beatles, Whitney Houston und Linkin Park mit jeweils drei Alben.

Interpret	Album	Veröffentlichungsjahr	Genre	Verkaufszahlen
Michael Jackson	Thriller	1982	Pop / Rock / R&B	~ 66 Millionen[2]
AC/DC	Back in Black	1980	Hard Rock	~ 50 Millionen[3][4][5]
Pink Floyd	The Dark Side of the Moon	1973	Progressive Rock	~ 45 Millionen[6][7]
Whitney Houston / Verschiedene Interpreten	The Bodyguard: Original Soundtrack Album**	1992	Pop / R&B / Soul	~ 45 Millionen[8][9]
Meat Loaf	Bat Out of Hell	1977	Hard Rock	~ 43 Millionen[10]
Eagles	Their Greatest Hits (1971–1975)*	1976	Rock	~ 42 Millionen[11]
Bee Gees / Verschiedene Interpreten	Saturday Night Fever: The Original Movie Sound Track**	1977	Disco	~ 40 Millionen[12]
Fleetwood Mac	Rumours	1977	Rock	~ 40 Millionen[13]
Shania Twain	Come On Over	1997	Country / Pop	~ 40 Millionen[14]
Verschiedene Interpreten	Grease: The Original Soundtrack from the Motion Picture**	1978	Rock 'n' Roll	~ 38 Millionen[15]
Led Zeppelin	Led Zeppelin IV	1971	Hard Rock / Heavy Metal / Folk-Rock	~ 37 Millionen[16]
Michael Jackson	Bad (Album)	1987	Pop / R&B / Funk / Rock	~ 35 Millionen[17][18][19][20]
Alanis Morissette	Jagged Little Pill	1995	Alternative Rock	~ 33 Millionen[21][22]
Michael Jackson	Dangerous	1991	New Jack Swing / R&B / Pop	~ 32 Millionen[23]
Celine Dion	Falling into You	1996	Pop / Softrock	~ 32 Millionen[24][25]
Eagles	Hotel California	1976	Softrock	~ 32 Millionen[26]
The Beatles	Sgt. Pepper's Lonely Hearts Club Band	1967	Rock	~ 32 Millionen[27]
Eminem	The Marshall Mathers LP	2000	Hip-Hop / Hardcore-Rap / Horrorcore	~ 32 Millionen[28]
Verschiedene Interpreten	Dirty Dancing**	1987	Pop / Rock / R&B / Soul	~ 32 Millionen[29]

Artist	Album	Year	Genre	Sales
Adele	21	2011	Pop / Soul	~ 31 Millionen[30]
Madonna	The Immaculate Collection*	1990	Pop / Dance	~ 31 Millionen[31]
Celine Dion	Let's Talk About Love	1997	Pop / Softrock	~ 31 Millionen[32]
Metallica	Metallica	1991	Heavy Metal	~ 31 Millionen[33]
The Beatles	1*	2000	Rock	~ 31 Millionen[34]
The Beatles	Abbey Road	1969	Rock	~ 31 Millionen[35]
ABBA	ABBA Gold – Greatest Hits*	1992	Pop / Disco	~ 30 Millionen[36]
Bruce Springsteen	Born in the U.S.A.	1984	Heartland Rock	~ 30 Millionen[37]
Pink Floyd	The Wall	1979	Progressive Rock	~ 30 Millionen[38]
James Horner	Titanic: Music from the Motion Picture**	1997	(Filmmusik)	~ 30 Millionen[39]
Dire Straits	Brothers in Arms	1985	Roots Rock / Bluesrock / Softrock	~ 30 Millionen[40][41]
Nirvana	Nevermind	1991	Grunge / Alternative Rock	~ 30 Millionen[42]
Santana	Supernatural	1999	Latin Rock	~ 30 Millionen[43]
Guns n' Roses	Appetite for Destruction	1987	Hard Rock	~ 30 Millionen[44]
Elton John	Goodbye Yellow Brick Road	1973	Rock / Pop-Rock / Glam Rock	~ 30 Millionen[45][46]
Iron Butterfly	In-A-Gadda-Da-Vida	1968	Rock, Psychedelic Rock	~ 30 Millionen[47]
Linkin Park	Hybrid Theory	2000	Nu Metal / Rap Metal / Alternative Metal	~ 30 Millionen[48]
Bon Jovi	Slippery When Wet	1986	Hard Rock / Glam Metal	~ 28 Millionen[49]
Mariah Carey	Music Box	1993	Pop / R&B	~ 28 Millionen[50]
Eminem	The Eminem Show	2002	Hip-Hop	~ 27 Millionen[28]
Norah Jones	Come Away with Me	2002	Jazz	~ 27 Millionen[51]
Linkin Park	Meteora	2003	Nu Metal / Rap Metal / Alternative Metal	~ 27 Millionen[48]
Eric Clapton	Unplugged***	1992	Akustik-Rock / Akustik Blues	~ 26 Millionen[52]

Britney Spears   ... Baby One More Time 1999   Pop   ~ 25 Millionen[53]

Bob Marley & The Wailers   Legend*   1984   Reggae ~ 25 Millionen[54]

Carole King   Tapestry   1971   Pop   ~ 25 Millionen[55]

Phil Collins   No Jacket Required   1985   Pop-Rock   ~ 25 Millionen[56]

Queen Greatest Hits* 1981   Rock   ~ 25 Millionen[57]

Madonna   True Blue   1986   Pop / Dance   ~ 25 Millionen[58]

Simon & Garfunkel   Bridge over Troubled Water   1970   Folk-Rock   ~ 25 Millionen[59]

U2   The Joshua Tree   1987   Rock   ~ 25 Millionen[60]

Tja, also: GOLD- Thriller (Michael Jackson), SILBER- Back in Black (AC/DC), BRONZE . The Dark Side Of The Moon (Pink Floyd)... Die meisten Erfolgreichsten sind aus den 1970ern, 80ern, 90ern...

KAPITEL 5 - ROCK n ROLL...

... mit meinen 30 Lebensalben, meine Diva Molly, "Plattencovers", Musik etc...

Das 1. Video von 48 Songs... Meine Magical Mystery Tour! Heute Abend - mein Trip durch die Zeiteisen! Check It Out bei meinem Kanal "Gerd Steinkoenig" ☺ Es heißt für Euch mit 48 Videos. Für Stefan 1 My Magical Mystery Tour 11.01.21

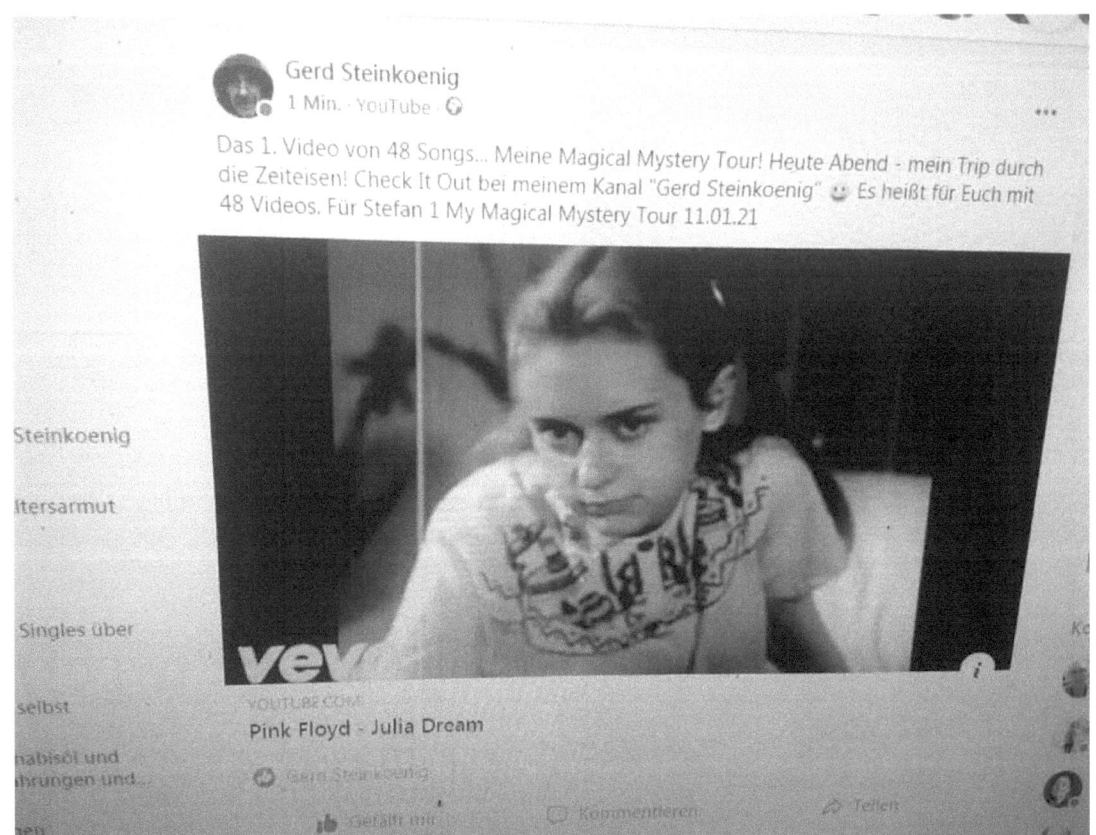

YOUTUBE.COM
Pink Floyd - Julia Dream

⊙ Gerd Steinkoenig

👍 Gefällt mir   💬 Kommentieren   ↪ Teilen

Steinkoenig

tersarmut

Singles über

selbst

nabisöl und
hrungen und...

gen

bere...

TOP 10 SINGLES

ENGLAND
21.10.78

1. *J. Travolta & O. Newton-John*: Summer Nights
2. *Boney M.*: Rasputin
3. *Dean Friedman*: Lucky Stars
4. *John Travolta*: Sandy
5. *Rose Royce*: Love Don't Live Here Anymore
6. *Electric Light Orchestra*: Sweet Talking Woman
7. *Leo Sayer*: I Can't Stop Loving You
8. *Frankie Valli*: Grease
9. *Boomtown Rats*: Rat Trap
10. *Sylvester*: You Make Me Feel

JETZT ABER DIE 30 LIEBLINGSALBEN VON GERD STEINKOENIG

The Lamb Lies Down On Broadway (Genesis)

The Dark Side Of The Moon (Pink Floyd)

The Beatles "Weißes Album" (The Beatles)

Rust Never Sleeps (Neil Young)

Ballhaus Pompös (Udo Lindenberg)

Nina Hagen Band (Nina Hagen Band)

Zwesche Salzjeböck un Bier (BAP)

Ghost In the Machine (The Police)

Brothers In Arms (Dire Straits)

Heroes (David Bowie)

Songs In the Key Of Life (Stevie Wonder)

Thriller (Michael Jackson)

Like A Prayer (Madonna)

Woodstock-Soundtrack (Original-Vinyl 1970, Live war 1969)

Nevermind (Nirvana)

Use Your Illussion 1 & 2 (Guns n Roses)

Made In Japan (Deep Purple)

The Song Remains The Same (Led Zeppelin)

Red Skies Over Paradise (Fischer Z)

Piktors Verwandlungen (Anyone´s Daughter)

Caverna Magica (Andreas Vollenweider)

Watch (Manfred Mann´s Eartband)

Crime Of The Century (Supertramp)

A Night At The Opera (Queen)

Rumours (Fleetwood Mac)

Das letzte Foto bin ich mit meinem Vater (Schifferstadt), "SMOKE" ist das Titelbild von meiner OK-KL-TV-Musikshow (als Produzent/Moderator in 5 Episoden)...

Bei meinem 1. ISBN-Buch BLOOD ON THE ROOFTOPS hatte ich ein großes Kapitel "Story of Rock". Meine Story nun, schreibe ich nur in die 90er... 1983 hatte ich ein DIN A 4-Heft mit Story of Rock! Leider verschollen, hab aber noch meine damaligen 44 empfehlenswerten LPs. Von der Lebenszeitgeschichte ist es cool, diese 83er All Time LPs zu sehen. Bei meinen Büchern, hahaha... Im Endeffekt DIE 3 Bands auch dabei: Genesis, Beatles, Pink Floyd...

Am Anfang war der Urknall: Elvis Presley!! Es ging um Sex in den prüden 1950ern... Um DAS gings... Elvis The Pelvis! Der eigentliche Urknall heißt Chuck Berry! Aber ein Schwarzer in den 50ern in den USA? Schwierig! Aber er hatte die besten Rock n Roll-Songs komponiert: Johnny B. Goode, Roll Over Beethoven, Rock n Roll Music, Sweet Little Sixteen etc...

Die weiteren Rock n Roller der 50er hießen Little Richard, Bill Haley, Jerry Lee Lewis, Buddy Holly, Everly Brothers, Eddie Cochran, Gene Vincent, Dion etc etc...

Dann kam der Mersey Beat, Folk, Surf! Also: The Beatles, Bob Dylan, Beach Boys! The Beatles sind die Fab Four. Von 1962 bis 1970, korinthenkackerisch nur 1963 bis 1969 (Let It Be-LP wurde VOR Abbey Road-LP produziert!). Und da war alles!! Jedes Jahr ein Album-Meisterwerk, mit Tourneen (bis 1966), diverse Filme, z.T. Solo-LPs... Kannste heute vergessen: ein heutiger Superstar hat alle 3 bis 4 Jahren ein Album... Meistersongs sind z.B. A Day In The LIfe, All You Need Is Love, Penny Lane, Strawberry Fields Forever, Michelle, While My Guitar Gently Weeps, Helter Skelter, And I Love Her und und und und... Bob Dylan ist seit 2016 Literatur-Nobelpreisträger!! Er hatte/hat das US-Volk beobachtet bei seinen Texten (auch bei Bruce "The Boss" Springsteen, Neil Young!). Am Besten bei Dylan sind die Covers, u.a. All Along The Watchower (Jimi Hendrix). Und die Beach Boys sind bei den normalen Fans unterschätzt: Brian Wilson war ein Musikgenie, ich sag nur: Good Vibrations!! Ein Song-Meisterwerk!!

Viel schwarzer Kommerz gab es den Motown-Sound (The Supremes) oder Aretha Franklin ("Respect" ist eine Hymne!). War in den 1960ern schon ein Ding...

Und schon zu den 1970ern (nicht ALLE Namen, sondern Schnelldurchlauf für Dummys, hahaha...). Oje, ich bin auch ein Dummy, lach, DAS Ding aus den 60ern sind die Rolling Stones!! Jagger/Richards und Co sind heute noch dabei (vom Alter her, würde ich sagen: Stand 10.08.2021). Klassiker sind Satisfaction, Gimme Shelter!

Also, die 70er: da waren viele Verzweigungen. Merkt man schon bei den Charts. Bei den Top 10 war alles dabei. Natürlich wie immer "Chartpop", aber auch in den 60ern Stones oder The Who, Kinks, Doors, Cream... Aber diesmal Teeniestars, also die Teenies wurden entdeckt als Plattenkäufer: T. Rex, Sweet, Suzi Quatro, David Cassidy, Slade... Und diesmal Progrock mit Genesis, Pink Floyd, Led Zeppelin, Emerson Lake & Palmer, Yes, Manfred Manns Earthband... Und Soul, Disco, Funk, Countryrock, Jazzrock, Reagga, Punk, New Wave, Krautrock, Hardrock, alles dabei... Feat. David Bowie, Bob Marley, Deep Purple, Donna Summer, Can, Kraftwerk, Black Sabbath, Rainbow, Isaac Hayes, Earth Wind & Fire, Queen,

Ton Steine Scherben, Scorpions, Toto, Boston, Stevie Wonder, Roberta Flack, Supermax, Bee Gees, Wings, Kate Bush, John Lennon, Rolling Stones, Patti Smith und und und und...

Die meisten Alben aus den "Rolling Stone Edition: 500 besten Alben aller Zeiten" ist aus den 1970er Jahren!!

70er? Von Abba bis Zappa, hahaha...

Die 1980er = Popjahrzehnt! Natürlich Hair Metal von Bon Jovi bis Mötley Crue und alte Haudegen wie Deep Purple (Album Perfect Strangers) oder Genesis (Album Invisible Touch), aber viel Superpop! Madonna, Prince, Michael Jackson, Pet Shop Boys: DAS ist Superpop!! New Romantics war auch dabei und auch POP...

Um Anfang der 90er gabs die 4. Rockrevolution. 1. Rockrevolution Rock n Roll 1955/1956, 2. Rockrevolution The Beatles (und die British Invasion in den USA 1964), 3. Rockrevolution 1977 Punk und eben 1991/1992 Grunge um Nirvana (Nevermind)! Ja, und dann Use Your Illussion I & II von Guns n Roses. Das wars... G n R war die letzte große Old School Rockband!

KAPITEL 7 - ZEITEN

Ist mein Running Gag mit Zeitreisen, Zeitoasen, Zeitgeister, die TARDIS aus Doctor Who... MUSIK ist sehr viel dabei. Auch bei DIESEM Buch, eine Art Story of Rock, MUSS ich es WIEDER schreiben: werden Songs oder Alben einfach total vergessen? Trotz you tube oder sonstwas? Bei Genesis bei den Streaming-Clubs haste Land of Confusion oder Mama. Mad Man Moon oder Supper´s Ready kennt keine Sau! Bei einem Streaming-Club musste der große David Bowie SEIN Song kürzen bei seinem letzten Album vor seinem Tod: weil "Black Star" über 10 Minten ging!! MUSS unter 10 Minuten sein. Bowie hatte sein KUNSTWERK gekürzt!! Supper´s Ready war knapp bei einer 1/2 Stunde... Bei den Modern Times wäre womöglich Supper´s Ready nicht komponiert worden! Oder Echoes (Pink Floyd) oder Close To The Edge (Yes)... Daher schreib und sag ich immer: heute ist mainstreamige, uniformierte Musik. Es können auch idealistische Musiker spielen! Super! Aber bei den Top 10?? Heutzutage glaub ich das nicht...

Das Fazit dieses Buches: THE RISE AND FALL OF ROCK AND POPMUSIC...

Schade, wenn Julia (Pavlov´s Dog) oder The Pusher (Steppenwolf) vergessen sind/wird...

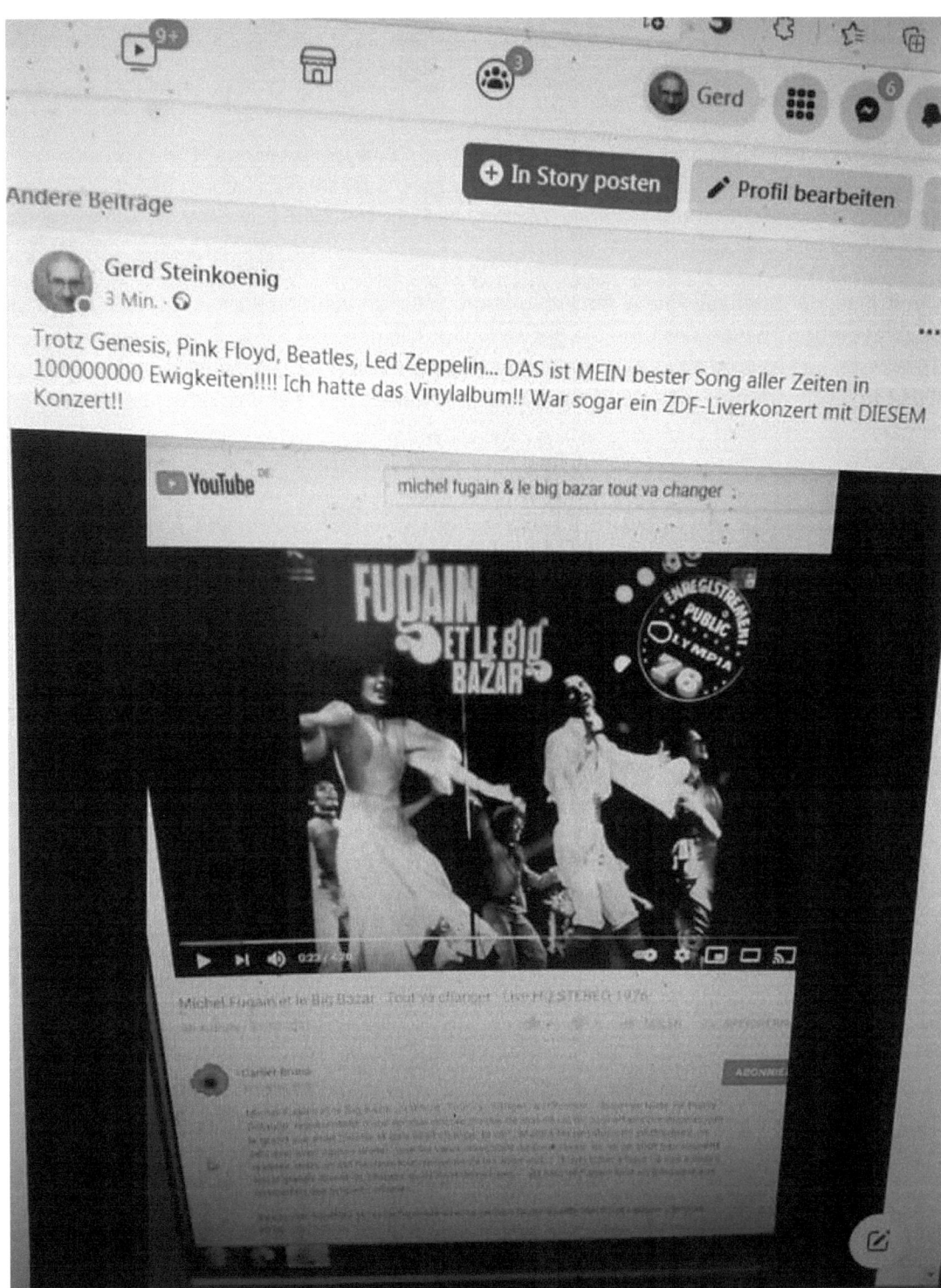

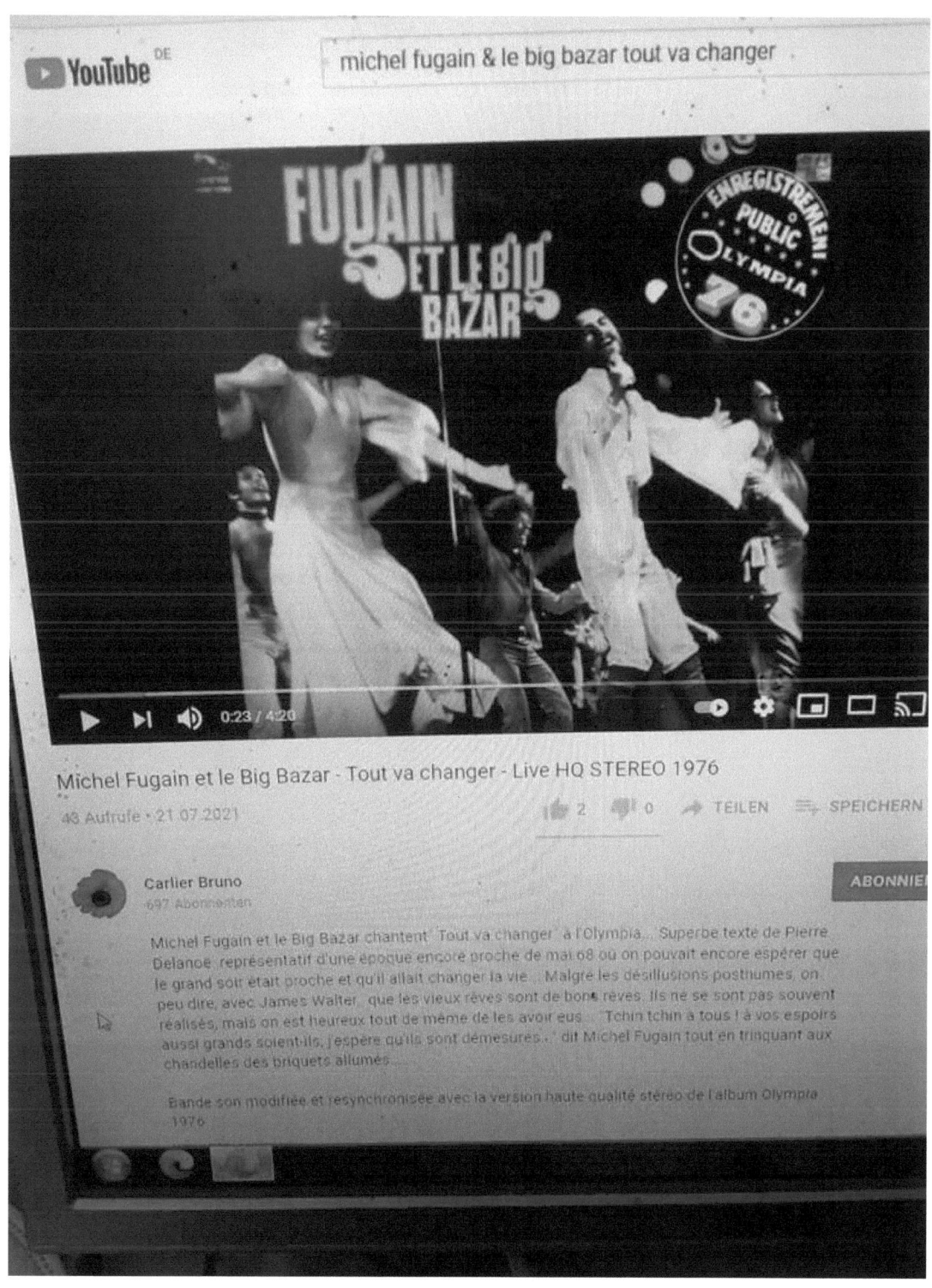

Tout Va Changer - mein Jahrtausendsong!! Klar: A Day In The Life (The Beatles), Time (Pink Floyd), Blood On The Rooftops (Genesis), Stairway To Heaven (Led Zeppelin), Harvest Moon (Neil Young), Highway Star (Deep Purple), Bahnhofskino (BAP).... Aber DIESES LIED!!!!!!!!

VIELEN DANK AN Guiseppa Aquillino für meine 1. Story of Rock von 1983

© 2021, Gerd Steinkoenig
Herstellung und Verlag: BoD – Books on Demand,
Norderstedt
ISBN: 9783754334966